VAMOS CONHECER ALGUNS ANIMAIS DO BRASIL?

Os animais brasileiros são formidáveis: pequeninos ou grandões, tranquilos ou nervosos, valentões ou sossegados.

Alguns vivem na água, onde nadam silenciosos ou fazem brincadeiras barulhentas. Há os que caminham solitários. Uns cavam a terra para dar casa e comida aos filhotes. Outros voam na imensidão do céu, mas descansam e procuram proteção nas folhagens das árvores.

Venha descobrir quem são eles e saber como vivem.

GOLFINHO-ROTADOR

O golfinho-rotador é um verdadeiro acrobata. Ele salta para fora da água, rodopiando no ar. Quando cai, dá uma barrigada barulhenta no mar. Por que será que ele faz isso? Para mostrar que é forte, para caçar, para chamar a atenção de alguém ou só para brincar?

FICHA TÉCNICA

Tipo de bicho: mamífero.
Gosta de comer peixes e lulas.
Tamanho: até 2 metros.
Peso: 75 quilos.
Vive no arquipélago de Fernando de Noronha, em Pernambuco.
Cores: costas acinzentadas e barriga branca.

ROLA-BOSTA

O besouro rola-bosta é um animal muito importante, porque limpa nossas florestas. Com grande habilidade, faz uma bolota quando encontra um cocô, bota nela um ovo e a enterra. Quando o filhote nasce, alimenta-se da bolota. O que sobra vira adubo para as plantas. É um bicho bom ou não é?

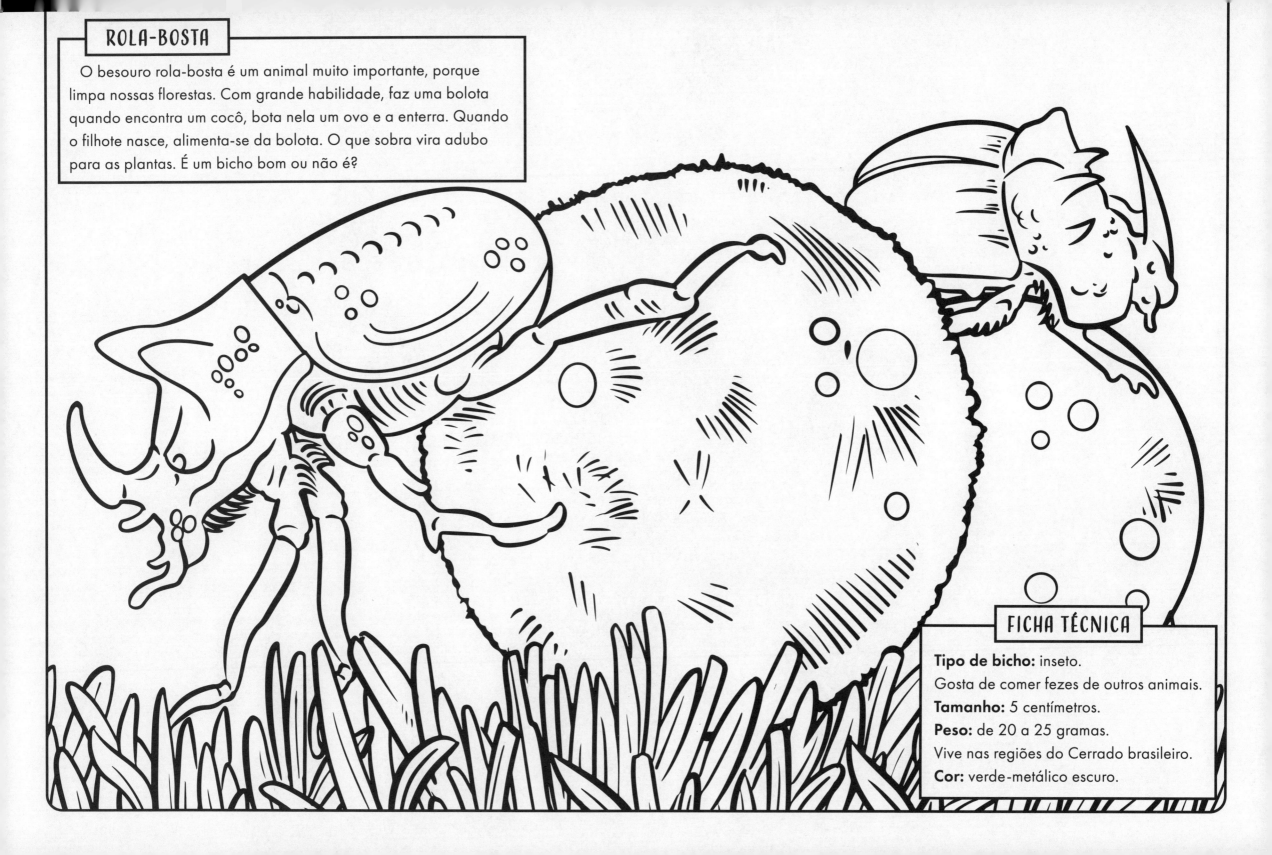

FICHA TÉCNICA

Tipo de bicho: inseto.
Gosta de comer fezes de outros animais.
Tamanho: 5 centímetros.
Peso: de 20 a 25 gramas.
Vive nas regiões do Cerrado brasileiro.
Cor: verde-metálico escuro.

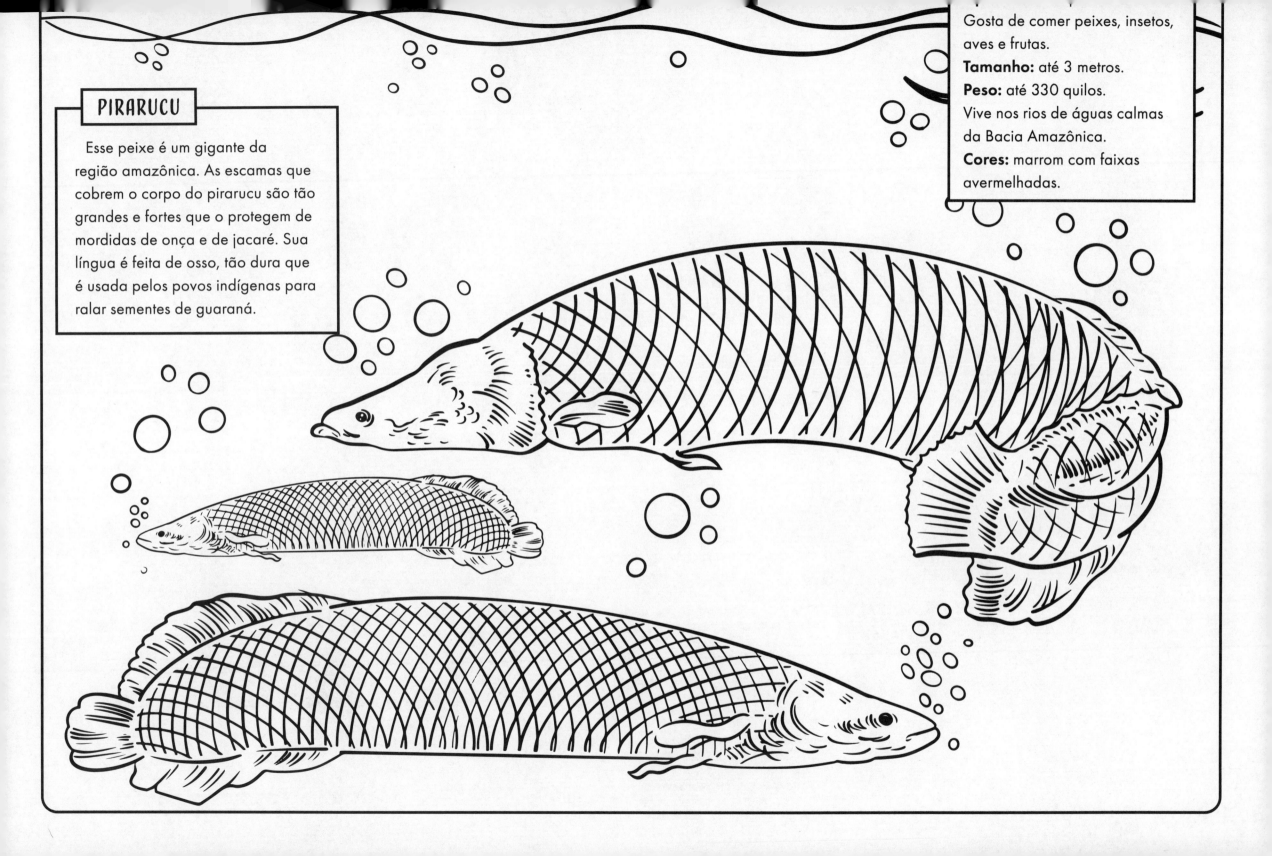

PIRARUCU

Esse peixe é um gigante da região amazônica. As escamas que cobrem o corpo do pirarucu são tão grandes e fortes que o protegem de mordidas de onça e de jacaré. Sua língua é feita de osso, tão dura que é usada pelos povos indígenas para ralar sementes de guaraná.

Gosta de comer peixes, insetos, aves e frutas.
Tamanho: até 3 metros.
Peso: até 330 quilos.
Vive nos rios de águas calmas da Bacia Amazônica.
Cores: marrom com faixas avermelhadas.

SUCURI

Ela é grande desde bebê. Os filhotes nascem com um metro de comprimento, depois de oito meses de gestação. Essas gigantes fazem longos períodos de jejum entre as refeições e digerem as suas presas inteiras, incluindo os ossos, bem devagar. É mais rápida na água que no chão. Será que é porque ela não tem patas?

FICHA TÉCNICA

Tipo de bicho: réptil.
Gosta de comer peixes, aves aquáticas, jacarés e capivaras.
Tamanho: até 5,2 metros.
Peso: até 90 quilos.
Vive no Cerrado e na Floresta Amazônica.
Cores: verde-claro com pintas pretas.

CIGANA

A cigana é uma ave que vive em bandos, mas que forma pares quando é tempo de procriar. É uma vegetariana convicta e, por comer bastante, tem um papo muito grande. Dizem que é por isso que tem um voo desajeitado e prefere escalar as árvores, em vez de voar de galho em galho.

FICHA TÉCNICA

Tipo de bicho: ave.
Gosta de comer folhas, frutos e flores.
Tamanho: até 66 centímetros.
Peso: até 800 gramas.
Vive em aningais, margens de rios e lagos, manguezais e alagados.
Cores: asas vermelhas, rosto azul e crista amarelada. As penas da cauda são pretas com as extremidades amarelas.

Quem quiser ver uma borboleta-coruja voar precisará ficar atento de manhã bem cedo ou ao anoitecer, pois esses são os horários em que ela gosta de passear. Quando abre as asas, mostra lindos tons de azul; e, quando as fecha, dois grandes olhos de coruja aparecem. As lagartas da borboleta-coruja adoram comer folhas de bananeira.

FICHA TÉCNICA

Tipo de bicho: inseto.
Gosta de sugar nutrientes de frutas podres e de fezes de animais.
Tamanho: até 18 centímetros.
Peso: até 16 gramas.
Vive em todo o Brasil.
Cores: asas azuis com bordas pretas e contornos amarelos no lado de cima. O lado de baixo é marrom, com o desenho dos olhos de coruja pretos com bordas amarelas.

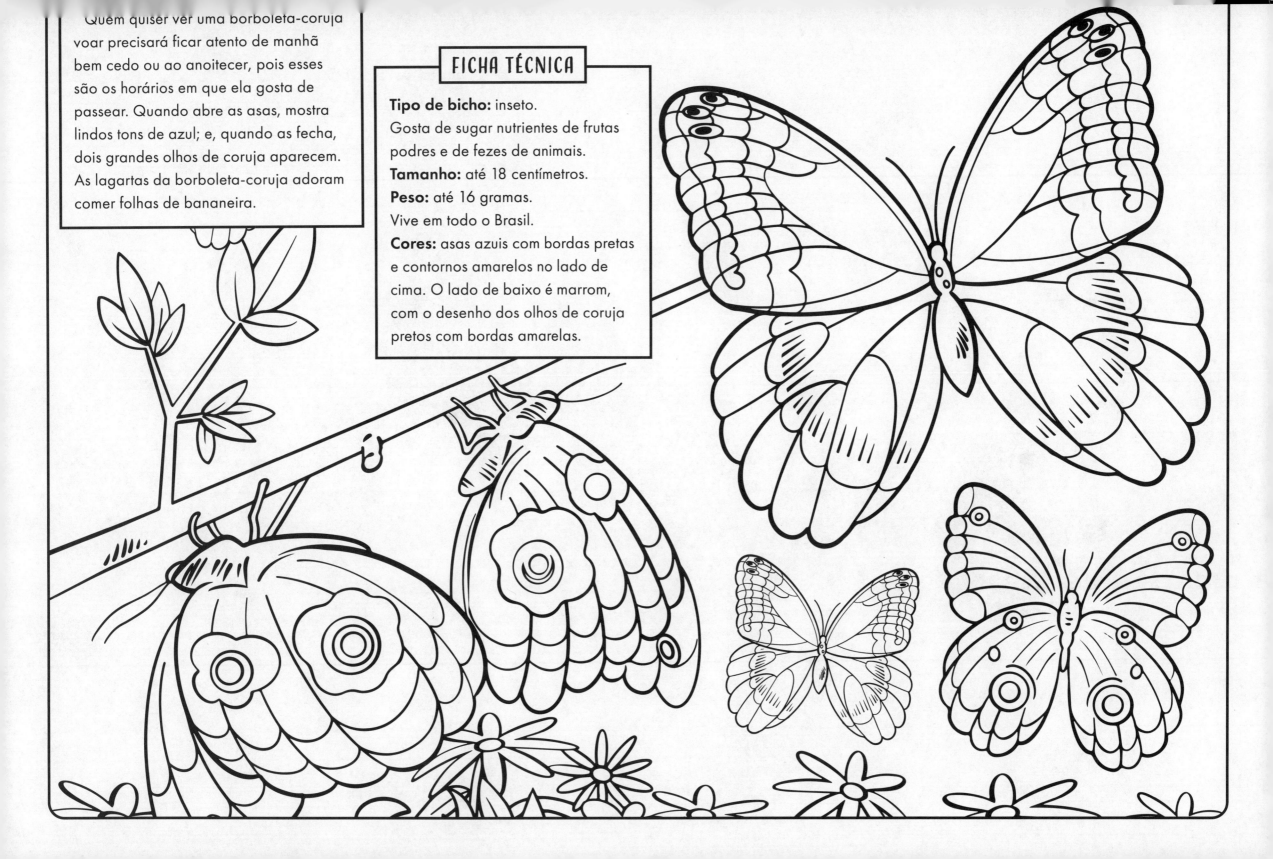

É uma maratonista dos mares, pois viaja mais de 25 mil quilômetros todos os anos. Tem o nariz no alto da cabeça e, por ele, esguicha nuvens de gotas com até três metros de altura. Quando querem conquistar uma companheira, os machos cantam para as fêmeas. Os filhotes nascem pesando até 700 quilos e mamam até um ano de idade.

FICHA TÉCNICA

Tipo de bicho: mamífero.
Gosta de comer *krill*, um crustáceo parecido com o camarão, e peixes bem pequenos.
Tamanho: até 16 metros.
Peso: até 40 toneladas.
Vive nas regiões costeiras de todo o Brasil, entre os meses de julho e novembro.
Cores: lado de cima preto e lado de baixo branco.

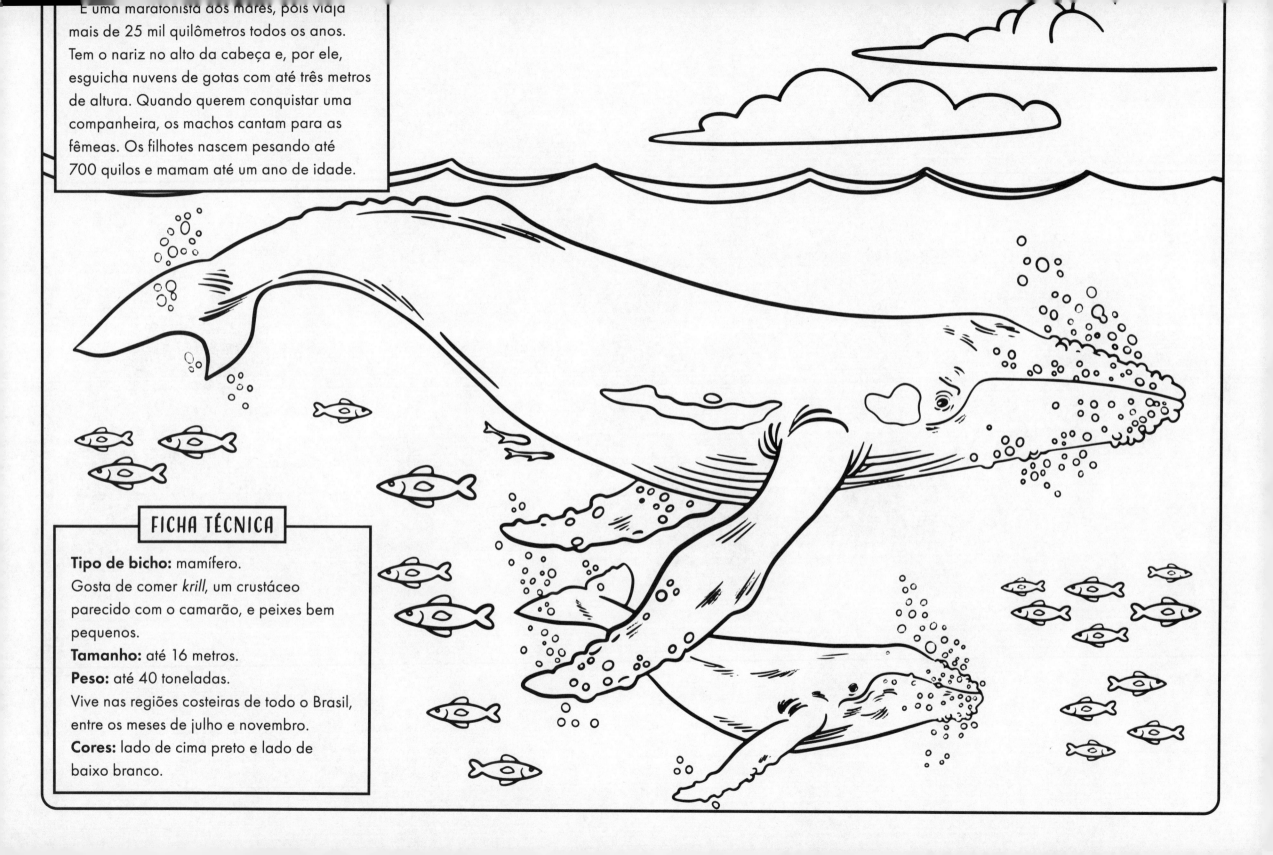

PEIXE-BOI-DA-AMAZÔNIA

O peixe-boi não é um peixe, mas, sim, um primo do elefante que foi viver na água. Assim como nós, ele também tem pulmões e, por isso, precisa subir para a superfície para respirar. É um comilão que adora variar o cardápio, comendo muitos tipos diferentes de plantas. Gasta até oito horas do dia pastando nos rios da Amazônia.

FICHA TÉCNICA

Tipo de bicho: mamífero.
Gosta de comer algas, aguapés e capins.
Tamanho: até 3 metros.
Peso: até 480 quilos.
Vive nos rios da região amazônica.
Cores: cinza com manchas marrons nas costas.

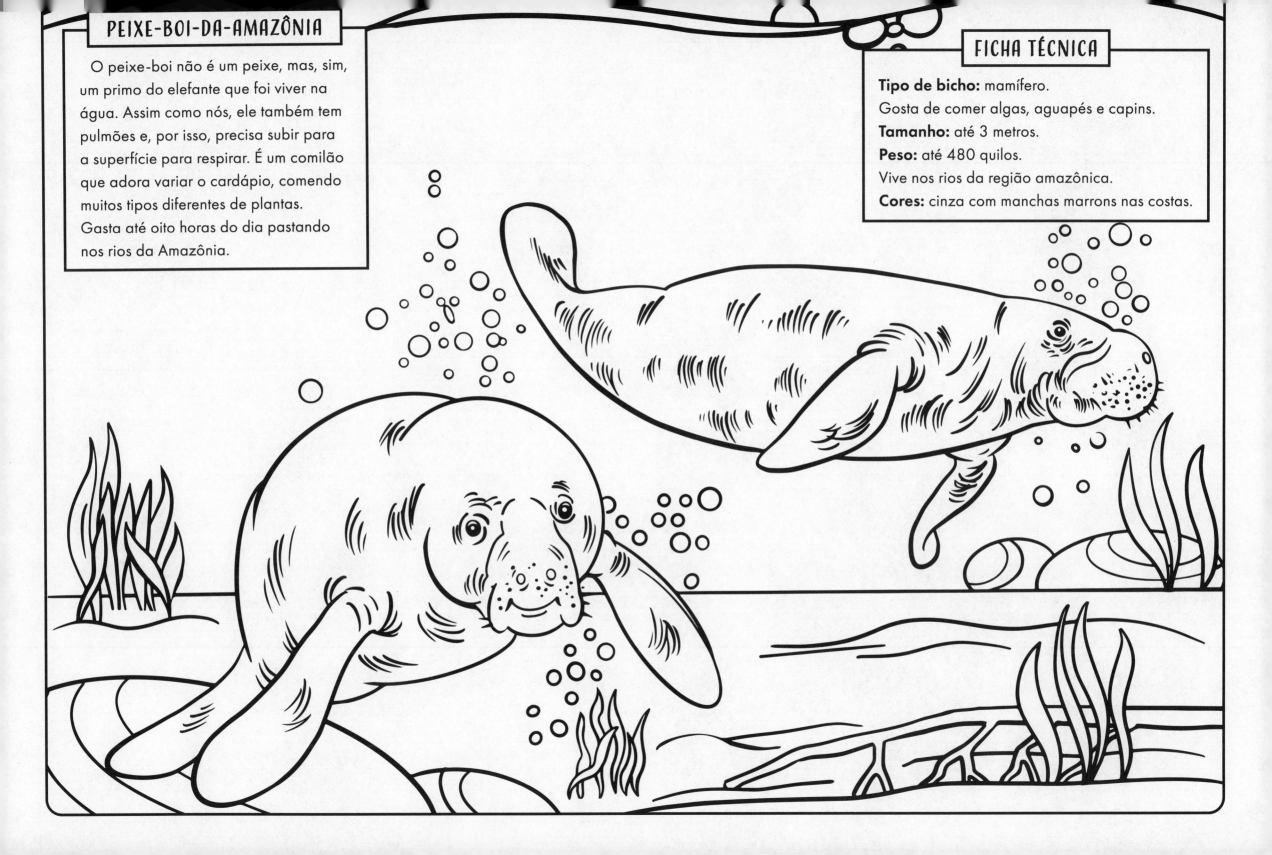

JATAÍ

Tão pequeninas e tão inteligentes, as abelhas já nascem sabendo o que precisam fazer na colmeia. Cada uma realiza seu trabalho com perfeição, contribuindo para o bem-estar de todos. As operárias fazem a limpeza, são sentinelas ou coletoras de pólen e de néctar. Os zangões e a rainha são os pais e a mãe de todas as abelhas. Elas fazem mel gostoso, e nenhuma tem ferrão.

FICHA TÉCNICA

Tipo de bicho: inseto.
Gosta de comer o pólen e o néctar das flores.
Tamanho: até 5 milímetros.
Peso: entre 5 e 10 miligramas.
Vive pelas florestas de todo o Brasil.
Cores: corpo amarelo com cabeça, costas e extremidades das patas traseiras pretas. Os olhos são verdes, e as asas, transparentes.

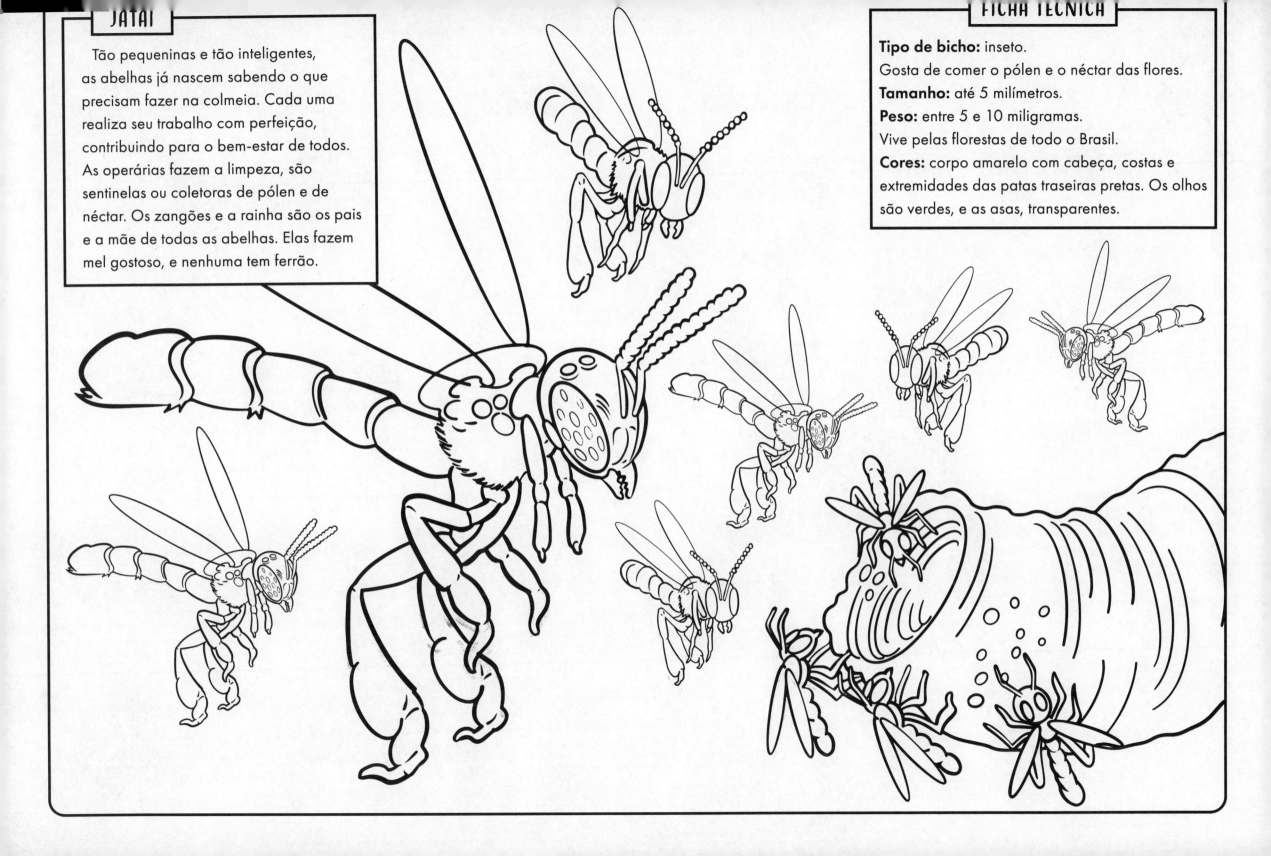

GALO-DA-SERRA

O canto do galo-da-serra lembra o miado de um gato. Ele gosta de sombra e água fresca. Dentro da mata, sempre perto de alguma fonte de água e de rochedos, os machos se reúnem. Em pequenos "palcos", cantam, um a um, para conquistar uma namorada. É considerado uma das aves mais bonitas da América do Sul. A fêmea é bem diferente do macho; ela tem penas escuras, quase negras.

FICHA TÉCNICA

Tipo de bicho: ave.
Gosta de comer frutas, rãs, insetos e lagartixas.
Tamanho: até 28 centímetros.
Peso: cerca de 200 gramas.
Vive no Norte do Brasil, nos estados do Pará, de Roraima e do Amazonas.
Cores: o macho tem penas e crista cor de laranja bem forte, faixa escura formando um semicírculo na borda superior da crista e penas pretas e brancas na cauda. A fêmea é marrom-escura e tem uma crista um pouco mais clara e menor que a do macho.

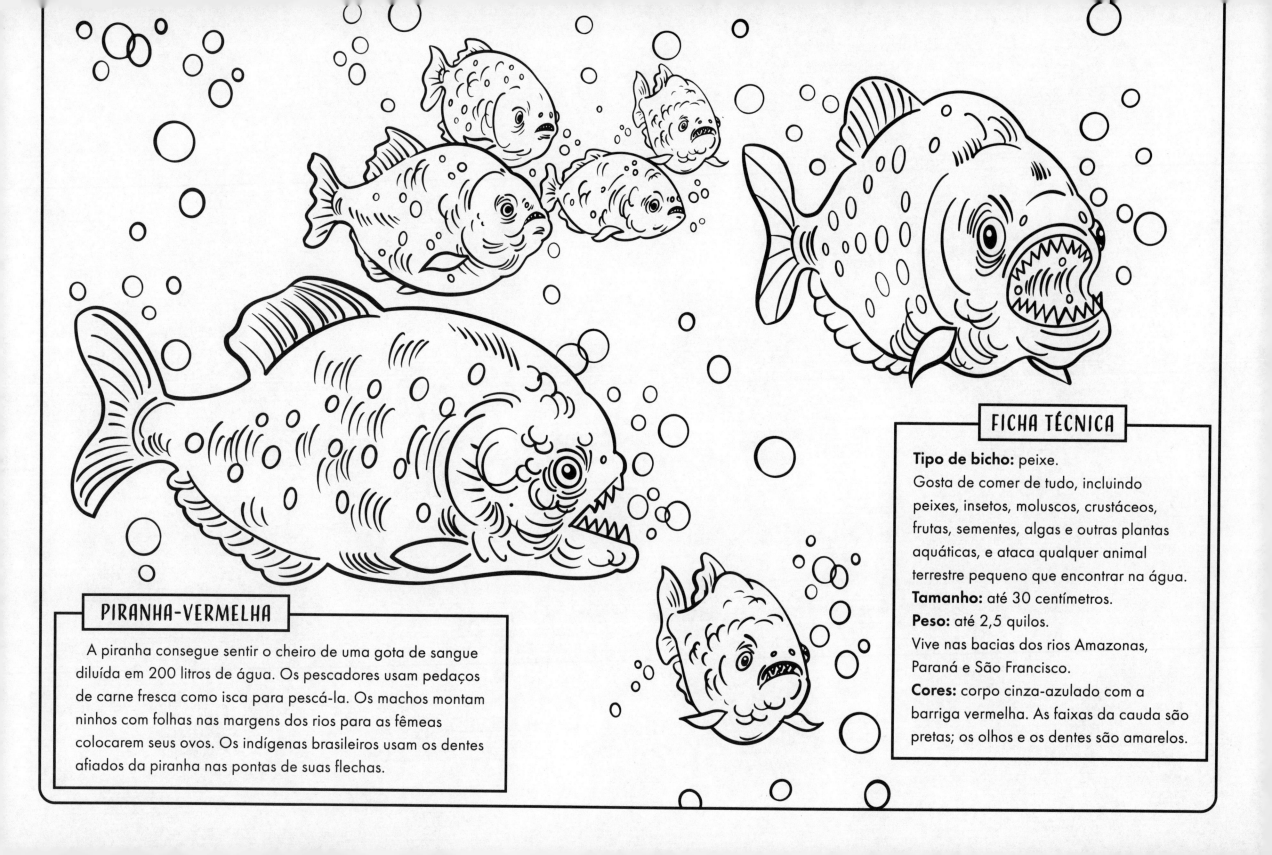

PIRANHA-VERMELHA

A piranha consegue sentir o cheiro de uma gota de sangue diluída em 200 litros de água. Os pescadores usam pedaços de carne fresca como isca para pescá-la. Os machos montam ninhos com folhas nas margens dos rios para as fêmeas colocarem seus ovos. Os indígenas brasileiros usam os dentes afiados da piranha nas pontas de suas flechas.

FICHA TÉCNICA

Tipo de bicho: peixe.
Gosta de comer de tudo, incluindo peixes, insetos, moluscos, crustáceos, frutas, sementes, algas e outras plantas aquáticas, e ataca qualquer animal terrestre pequeno que encontrar na água.
Tamanho: até 30 centímetros.
Peso: até 2,5 quilos.
Vive nas bacias dos rios Amazonas, Paraná e São Francisco.
Cores: corpo cinza-azulado com a barriga vermelha. As faixas da cauda são pretas; os olhos e os dentes são amarelos.

UACARI

O uacari adora a vida em família e gosta de viver em bando. Quando o grupo vai dormir, os macacos ocupam várias árvores para acomodar todo mundo. Dizem que é o macaco mais misterioso da Amazônia, pois é muito difícil de ser encontrado. Mas é sabido que, quanto mais fica nervoso ou com medo, mais vermelhas ficam sua cara e sua careca.

FICHA TÉCNICA

Tipo de bicho: mamífero.
Gosta de comer frutos, insetos, sementes, néctar e brotos de plantas.
Tamanho: de 50 a 60 centímetros.
Peso: os machos pesam até 3,5 quilos, e as fêmeas, até 2,7 quilos.
Vive nas florestas da Amazônia.
Cores: corpo castanho-claro avermelhado, com cabeleira e barba brancas. O rosto é bem vermelho.

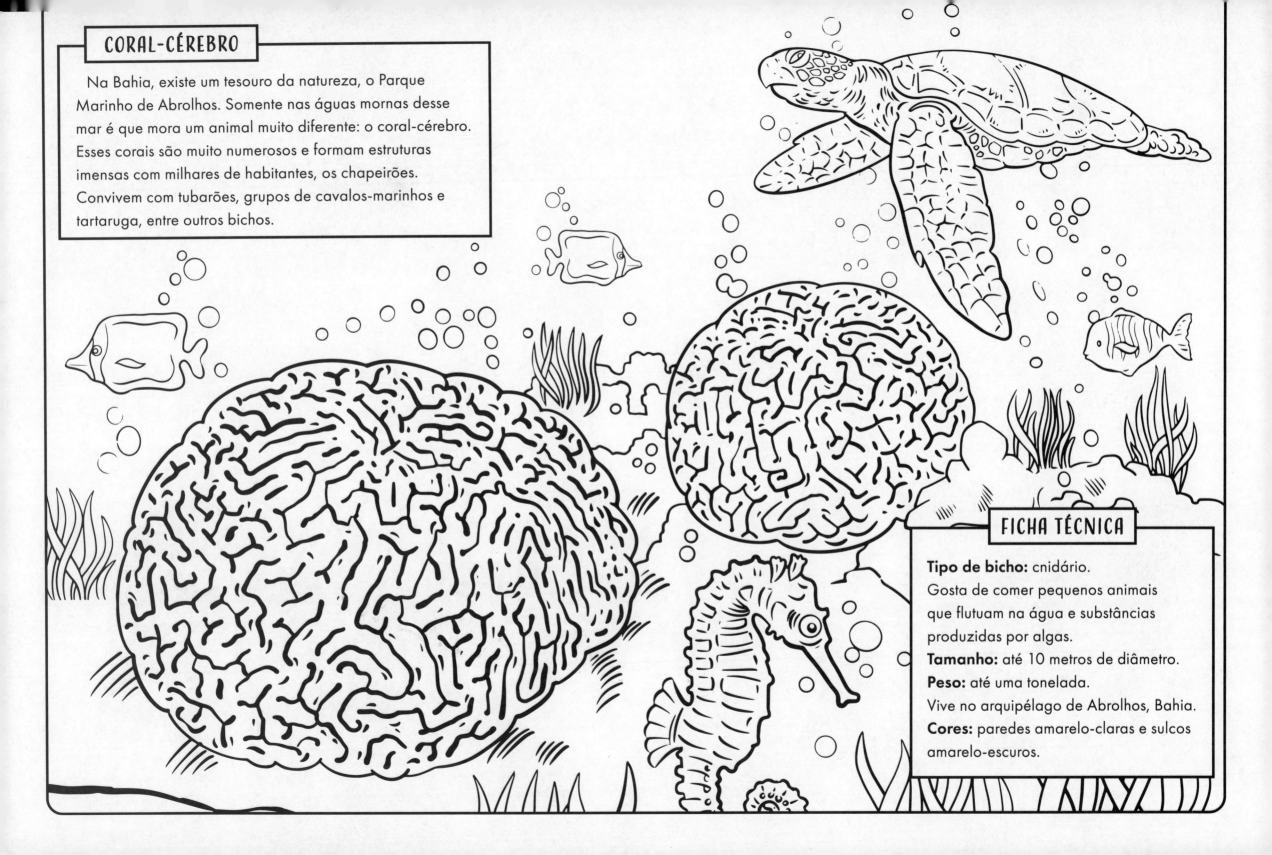

CORAL-CÉREBRO

Na Bahia, existe um tesouro da natureza, o Parque Marinho de Abrolhos. Somente nas águas mornas desse mar é que mora um animal muito diferente: o coral-cérebro. Esses corais são muito numerosos e formam estruturas imensas com milhares de habitantes, os chapeirões. Convivem com tubarões, grupos de cavalos-marinhos e tartaruga, entre outros bichos.

FICHA TÉCNICA

Tipo de bicho: cnidário.
Gosta de comer pequenos animais que flutuam na água e substâncias produzidas por algas.
Tamanho: até 10 metros de diâmetro.
Peso: até uma tonelada.
Vive no arquipélago de Abrolhos, Bahia.
Cores: paredes amarelo-claras e sulcos amarelo-escuros.

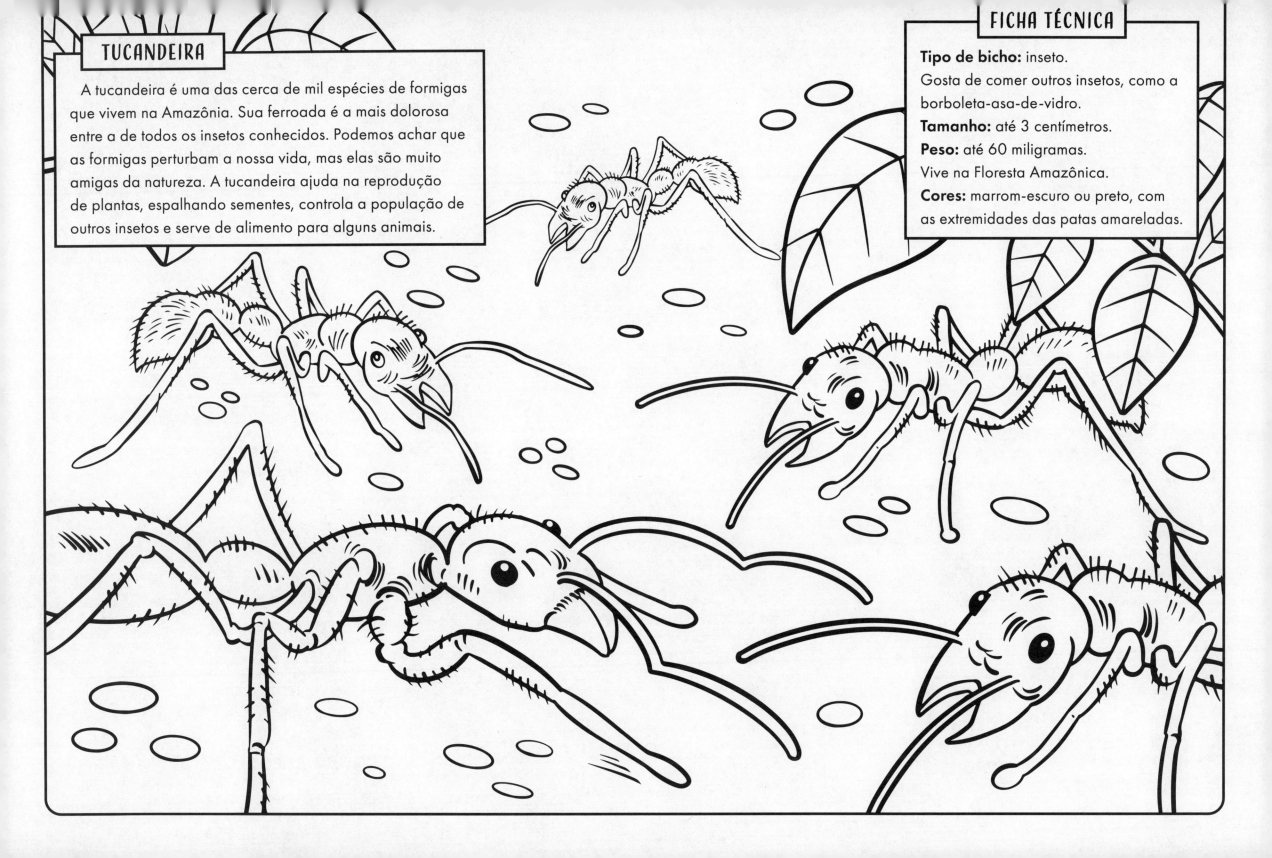

TUCANDEIRA

A tucandeira é uma das cerca de mil espécies de formigas que vivem na Amazônia. Sua ferroada é a mais dolorosa entre a de todos os insetos conhecidos. Podemos achar que as formigas perturbam a nossa vida, mas elas são muito amigas da natureza. A tucandeira ajuda na reprodução de plantas, espalhando sementes, controla a população de outros insetos e serve de alimento para alguns animais.

FICHA TÉCNICA

Tipo de bicho: inseto.
Gosta de comer outros insetos, como a borboleta-asa-de-vidro.
Tamanho: até 3 centímetros.
Peso: até 60 miligramas.
Vive na Floresta Amazônica.
Cores: marrom-escuro ou preto, com as extremidades das patas amareladas.

SAPO-FLECHA-VENENOSA

"Não se aproxime, sou venenoso!", parece gritar esse sapinho de cores vivas e brilhantes aos seus predadores. Ele se alimenta de formigas que comem plantas venenosas. O veneno permanece no organismo do sapo, mas não faz mal nenhum a ele. Pelo contrário, o veneno se transforma em uma arma contra quem o atacar.

FICHA TÉCNICA

Tipo de bicho: anfíbio.
Gosta de comer aranhas e pequenos insetos, como formigas e cupins.
Tamanho: até 5 centímetros.
Peso: em média 30 gramas.
Vive na Floresta Amazônica.
Cores: barriga azul com pintas pretas e costas amarelas com manchas pretas.

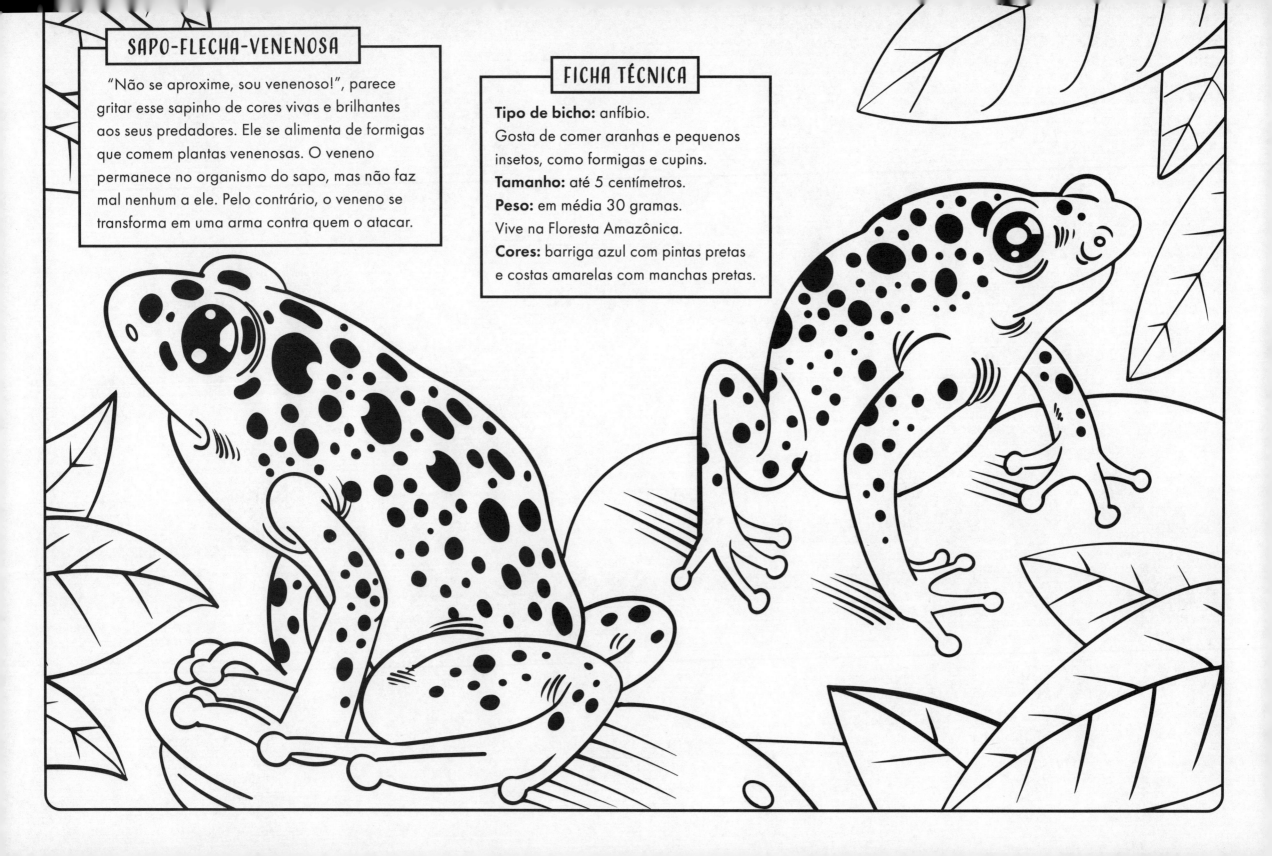

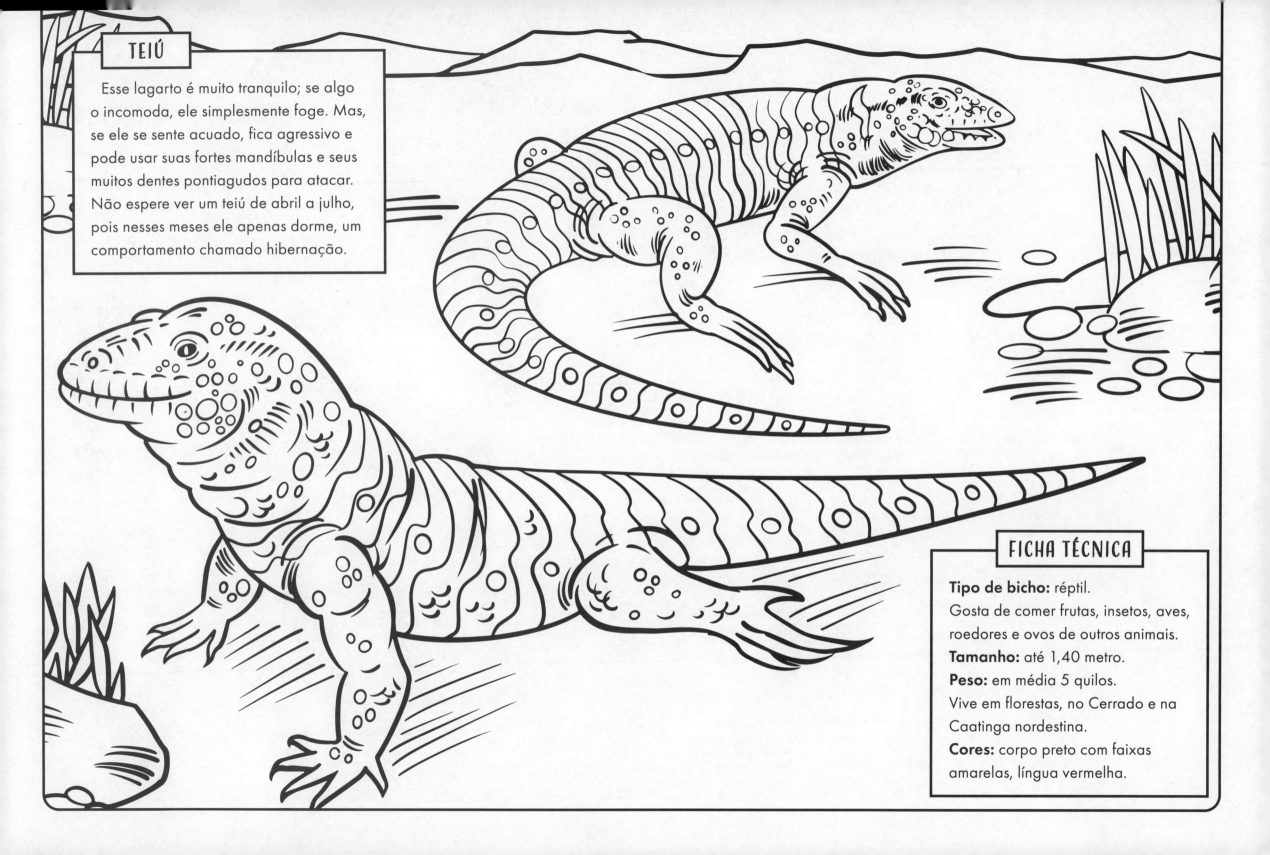

TEIÚ

Esse lagarto é muito tranquilo; se algo o incomoda, ele simplesmente foge. Mas, se ele se sente acuado, fica agressivo e pode usar suas fortes mandíbulas e seus muitos dentes pontiagudos para atacar. Não espere ver um teiú de abril a julho, pois nesses meses ele apenas dorme, um comportamento chamado hibernação.

FICHA TÉCNICA

Tipo de bicho: réptil.
Gosta de comer frutas, insetos, aves, roedores e ovos de outros animais.
Tamanho: até 1,40 metro.
Peso: em média 5 quilos.
Vive em florestas, no Cerrado e na Caatinga nordestina.
Cores: corpo preto com faixas amarelas, língua vermelha.

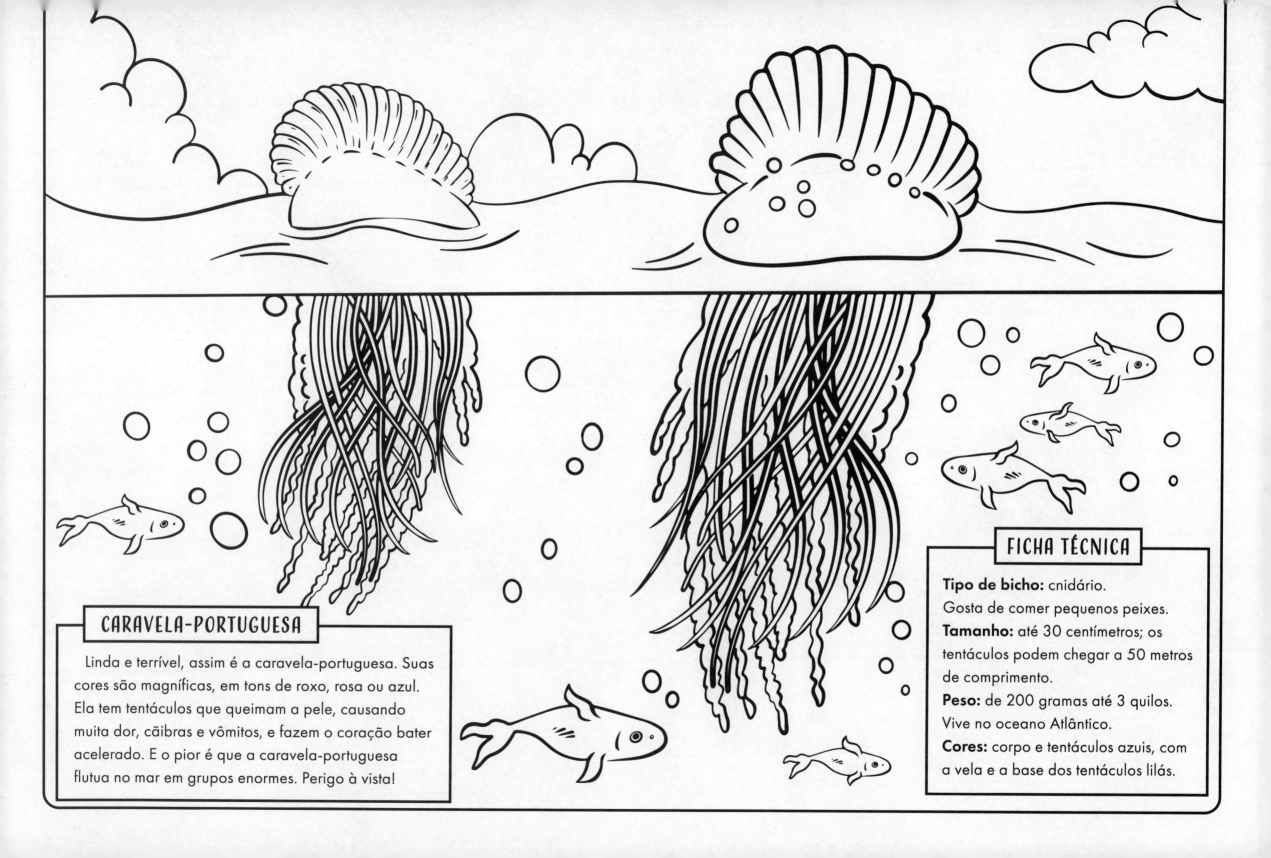

CARAVELA-PORTUGUESA

Linda e terrível, assim é a caravela-portuguesa. Suas cores são magníficas, em tons de roxo, rosa ou azul. Ela tem tentáculos que queimam a pele, causando muita dor, cãibras e vômitos, e fazem o coração bater acelerado. E o pior é que a caravela-portuguesa flutua no mar em grupos enormes. Perigo à vista!

FICHA TÉCNICA

Tipo de bicho: cnidário.
Gosta de comer pequenos peixes.
Tamanho: até 30 centímetros; os tentáculos podem chegar a 50 metros de comprimento.
Peso: de 200 gramas até 3 quilos.
Vive no oceano Atlântico.
Cores: corpo e tentáculos azuis, com a vela e a base dos tentáculos lilás.

GAMBÁ-DE-ORELHA-BRANCA

O gambá-de-orelha-branca tem uma bolsa na barriga, onde estão suas mamas. Logo após o nascimento, os filhotes entram na bolsa, onde mamam com segurança. Apesar da fama, ele não é um bicho fedorento. Seu cheiro não incomoda os humanos e é usado para delimitar território, atrair uma parceira ou mostrar que está nervoso.

FICHA TÉCNICA

Tipo de bicho: mamífero.
Gosta de comer animais invertebrados, pássaros, pequenos mamíferos, cobras, lagartos, anfíbios, frutas e sementes.
Tamanho: até 40 centímetros.
Peso: de 1,5 a 2 quilos.
Vive em campos, montanhas, bosques, florestas e ambientes urbanos.
Cores: corpo preto ou cinza e cara branca com faixas pretas.

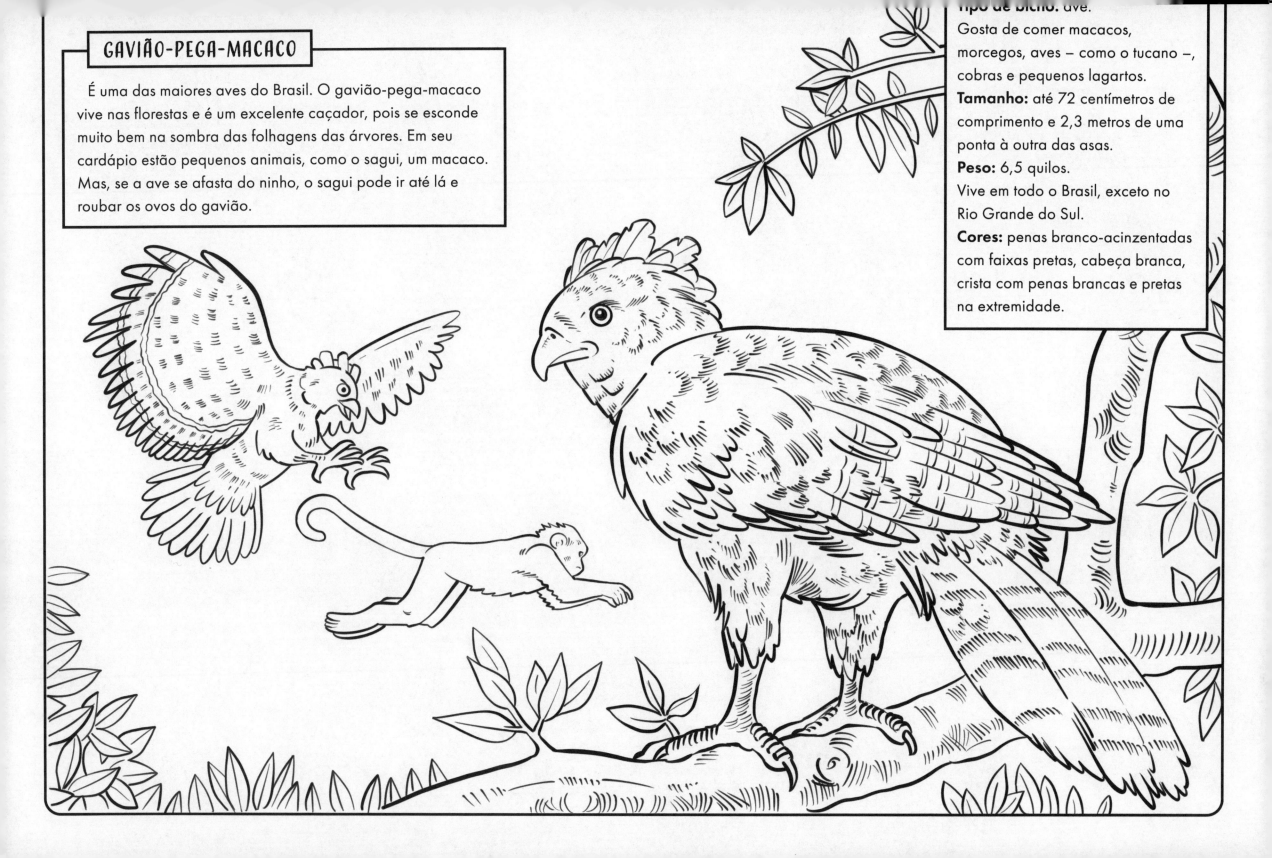

GAVIÃO-PEGA-MACACO

É uma das maiores aves do Brasil. O gavião-pega-macaco vive nas florestas e é um excelente caçador, pois se esconde muito bem na sombra das folhagens das árvores. Em seu cardápio estão pequenos animais, como o sagui, um macaco. Mas, se a ave se afasta do ninho, o sagui pode ir até lá e roubar os ovos do gavião.

Tipo de bicho: ave.
Gosta de comer macacos, morcegos, aves – como o tucano –, cobras e pequenos lagartos.
Tamanho: até 72 centímetros de comprimento e 2,3 metros de uma ponta à outra das asas.
Peso: 6,5 quilos.
Vive em todo o Brasil, exceto no Rio Grande do Sul.
Cores: penas branco-acinzentadas com faixas pretas, cabeça branca, crista com penas brancas e pretas na extremidade.

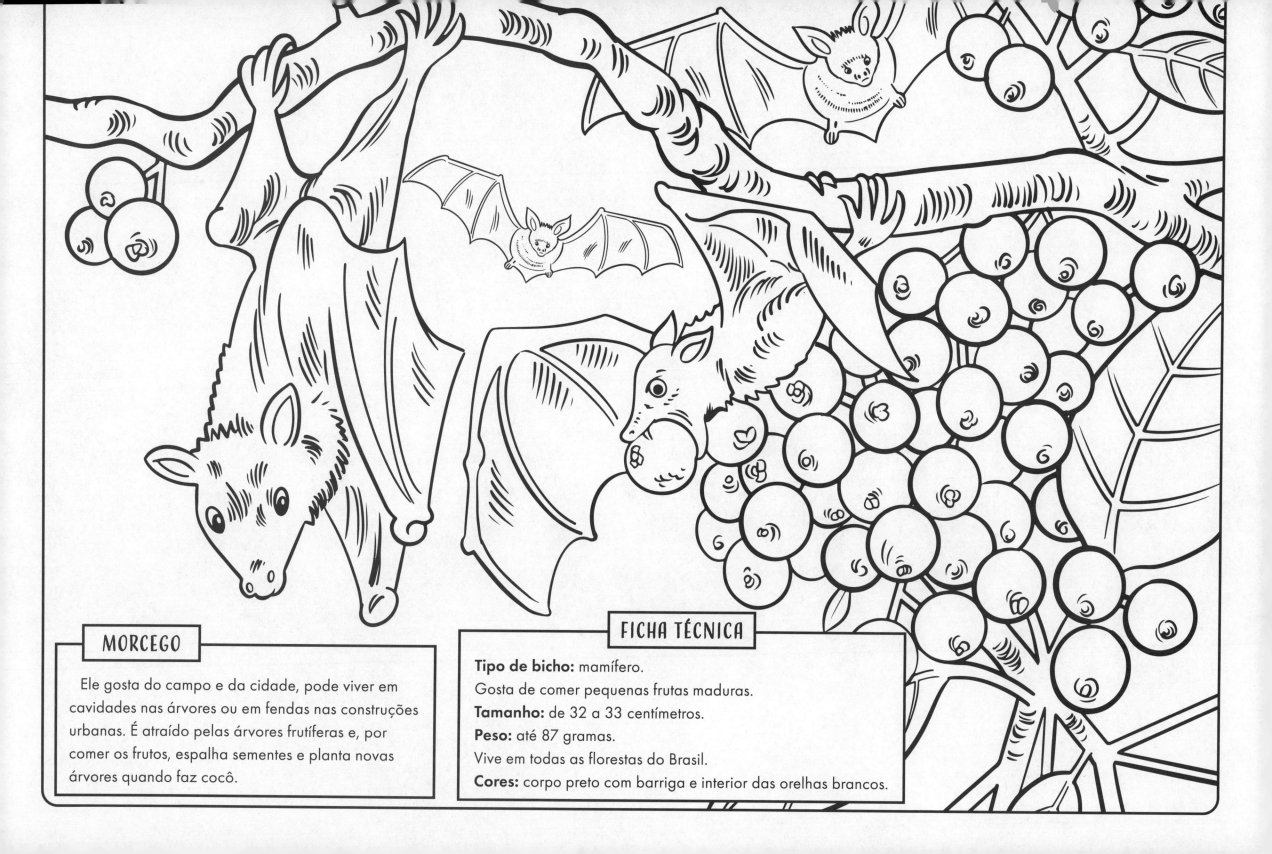

MORCEGO

Ele gosta do campo e da cidade, pode viver em cavidades nas árvores ou em fendas nas construções urbanas. É atraído pelas árvores frutíferas e, por comer os frutos, espalha sementes e planta novas árvores quando faz cocô.

FICHA TÉCNICA

Tipo de bicho: mamífero.
Gosta de comer pequenas frutas maduras.
Tamanho: de 32 a 33 centímetros.
Peso: até 87 gramas.
Vive em todas as florestas do Brasil.
Cores: corpo preto com barriga e interior das orelhas brancos.

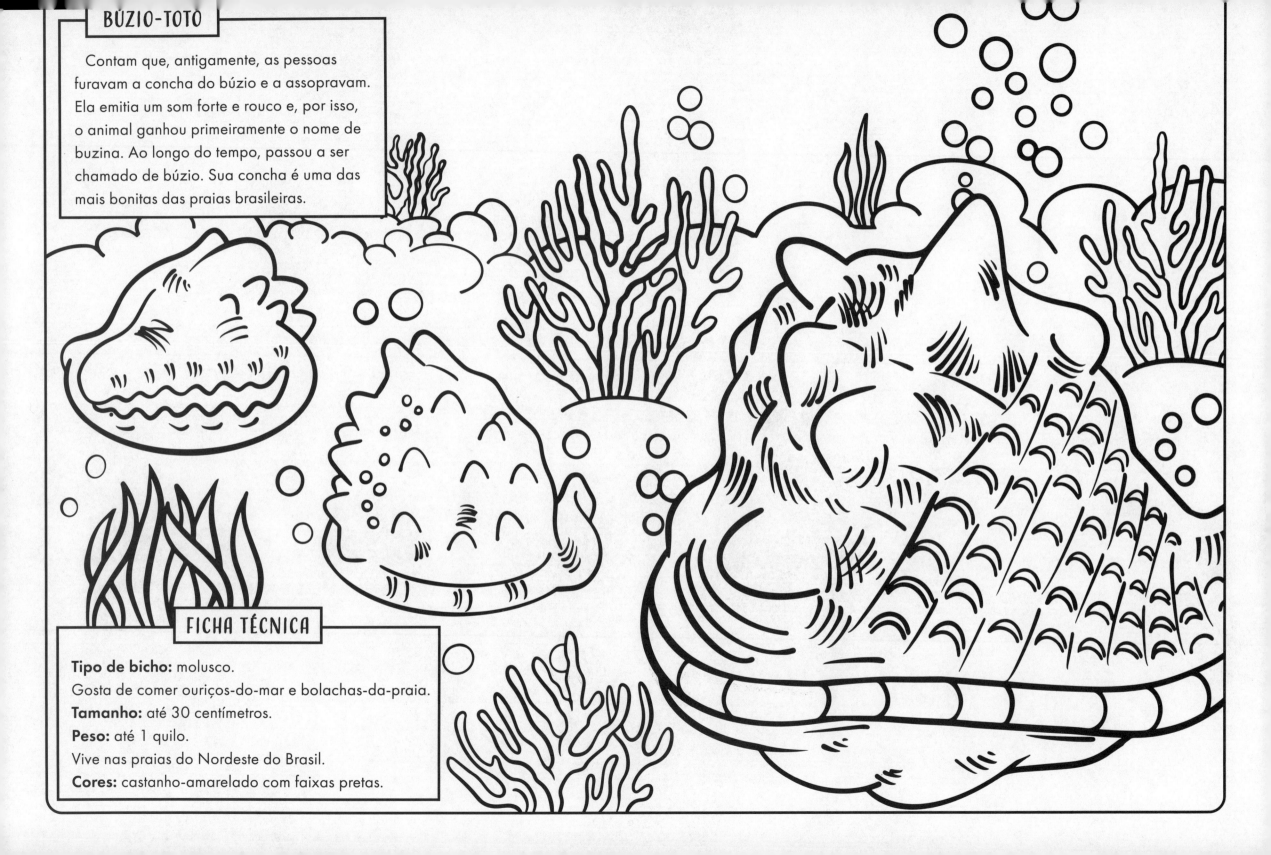

BÚZIO-TOTÓ

Contam que, antigamente, as pessoas furavam a concha do búzio e a assopravam. Ela emitia um som forte e rouco e, por isso, o animal ganhou primeiramente o nome de buzina. Ao longo do tempo, passou a ser chamado de búzio. Sua concha é uma das mais bonitas das praias brasileiras.

FICHA TÉCNICA

Tipo de bicho: molusco.
Gosta de comer ouriços-do-mar e bolachas-da-praia.
Tamanho: até 30 centímetros.
Peso: até 1 quilo.
Vive nas praias do Nordeste do Brasil.
Cores: castanho-amarelado com faixas pretas.

espécies de cachorros selvagens que vivem no Brasil. Ele é considerado um animal semiaquático porque tem membranas entre os dedos que o ajudam a nadar e a caçar nas margens de rios e lagos. Suas orelhas, pernas e cauda muito curtas fazem do cachorro-vinagre uma espécie inconfundível.

FICHA TÉCNICA

Tipo de bicho: mamífero.
Gosta de comer crustáceos, aves, anfíbios e pequenos répteis, além de roedores como pacas e cotias.
Tamanho: até 62 centímetros.
Peso: 6 quilos.
Vive em quase todo o Brasil, exceto em alguns estados do Nordeste e Rio Grande do Sul.
Cores: corpo castanho-avermelhado, cabeça e pescoço amarelados. A cauda e as extremidades das patas são marrom-escuras.

ONÇA PINTADA

Seu nome científico é *Panthera onca*. Prima do leão, do tigre e do leopardo, é a única representante das panteras que vive nas Américas. Quando as onças-pintadas querem se comunicar, emitem um som grave chamado esturro. Assim como não existe nenhuma pessoa igual à outra, também não existem onças-pintadas idênticas. Cada uma tem as manchas distribuídas na pelagem de um jeito diferente.

FICHA TÉCNICA

Tipo de bicho: mamífero.
Gosta de comer capivaras, jacarés, antas, veados, tamanduás, macacos, tartarugas, tatus e outros 80 tipos de animais.
Tamanho: até 1,85 metro.
Peso: 100 quilos.
Vive em quase todo o Brasil, exceto o Rio Grande do Sul e alguns estados da região Nordeste.
Cores: amarelo com pintas pretas, barriga e face brancas com pintas pretas.